# BEI GRIN MACHT SICH IHR WISSEN BEZAHLT

AF148986

- Wir veröffentlichen Ihre Hausarbeit, Bachelor- und Masterarbeit

- Ihr eigenes eBook und Buch - weltweit in allen wichtigen Shops

- Verdienen Sie an jedem Verkauf

## Jetzt bei www.GRIN.com hochladen und kostenlos publizieren

Christina Schnee

# Geschlecht und Medien. Bedeutung von Medien für Genderzuschreibungen

GRIN Verlag

**Bibliografische Information der Deutschen Nationalbibliothek:**

Die Deutsche Bibliothek verzeichnet diese Publikation in der Deutschen National-
bibliografie; detaillierte bibliografische Daten sind im Internet über http://dnb.d-
nb.de/ abrufbar.

**Impressum:**

Copyright © 2010 GRIN Verlag GmbH
Druck und Bindung: Books on Demand GmbH, Norderstedt Germany
ISBN: 978-3-656-57558-0

**Dieses Buch bei GRIN:**

http://www.grin.com/de/e-book/232090/geschlecht-und-medien-bedeutung-von-
medien-fuer-genderzuschreibungen

## Geschlecht und Medien – Bedeutung von Medien für Genderzuschreibungen

Wenn man von Medien spricht, muss man diese genderspezifisch und altersspezifisch unterscheiden. Die Jüngeren setzen mehr Wert auf Abgrenzung der Interessen des anderen Geschlechts, wohingegen die Älteren (ab 14 Jahren) merken, dass es ein Vorteil sein könnte, wenn man weiß, was das andere Geschlecht mag.

Im Verlauf des Heranwachsens ist die Medienzuwendung unterschiedlich. Der Fernseher ist in allen **Altersstufen** (kleine Kinder bis Jugendlicher) vertreten und auch das stärkste Medium. Auffällig ist, dass mit 12/13 Jahren fast jedes Kind einen eigenen Fernseher hat. Drei Viertel der Kinder halten den Fernseher als wichtiges Medium. Am Ende des Vorschulalters haben fast alle Kinder PC-Erfahrungen. 57% bzw. 80% der Haushalte mit Kindern bzw. Jugendlichen haben einen Internetanschluss, welcher je häufiger genutzt wird, desto älter die Kinder werden. Im Grundschulalter wird der PC unter den drei wichtigsten Medien gestellt, wohin gegen aber das Internet erst im Jugendalter wertgeschätzt wird. Die wichtigsten Medien ab dem Grundschulalter sind bereits die Musikmedien.

**Geschlechterspezifisch** ist auffallend, dass Jungs sich mehr mit dem Medium PC beschäftigen. Dieses hängt mit der Spielbegeisterung zusammen. Mädchen aller Altersgruppen nutzen die Musikmedien mit dem Medium PC und auch mit dem Medium Radio, sehr häufig. Kommt jedoch die Technik ins Spiel, wie z.B. Musikdownload, so führen die Jungs wieder.

Die **Medienaneignung** spielt neben den Altersstufen und dem Geschlecht auch eine große Rolle. Medien werden generell im Leben einbezogen. Dies passiert abhängig von den individuellen und sozialen Lebenskontexten. Man kann ihnen Aufmerksamkeit schenken oder sie auch meiden. Kinder und Jugendliche beschäftigen sich mit den sogenannten handlungsleitenden Themen. Dazu zählen die Entwicklungsaufgaben, in den verschiedenen Altersstadien und auch die persönlichen Lebenskontexte (sozial, kulturell und ethnisch). Kinder halten Ausschau nach Persönlichkeitsfacetten und personalen Vorbildern. Die Medienangebote dienen dabei als eine Art Studienobjekte oder sind Experimentierräume.

Wichtig sind auch die Interessen der Jugendlichen bzw. der Peer group. Der Computer ist vor allem bei den männlichen Heranwachsenden von hohem Interesse.

Nun möchte ich auf die **geschlechterspezifische Nutzung des Internets** eingehen. In der Altersgruppe der 12- bis 19 jährigen besitzen Jungen häufiger einen Internetzugang und nutzen den PC häufiger als Mädchen. Auffällig sind die Unterschiede in den Bildungsmilieus.

In den unteren Bildungsstufen, wie Hauptschule, besitzen nur zwei Drittel einen Internetzugang, wohin gehen die Schüler eines Gymnasiums fast alle Interneterfahrung haben. Zu den weiblichen Aktivitäten am Computer zählen im Netz kommunizieren, mailen, chatten, Lernunterstützung suche und Informationen. Die männlichen Jugendlichen nutzen den PC um zu spielen (13% Jungs, 2-3% Mächen), sich mit unterhaltsamen Musik- oder Filmdateien (35% Jungs, 14% Mädchen) zu vergnügen.

Altersunabhängig kann man feststellen, das Mädchen und Frauen das Internet und auch den PC als ziel- und gebrauchswertorientiert benutzen. Als eine faszinierende Welt von Technik, Spiel und sonstigen Vergnügungen isehen Jungen und Mädchen den Computer/das Internet für Jungen und Männer.

Zusammenfassend kann man sagen, dass die Technik eine Domäne der Männer bleibt. Im Selbst- und Fremdbild der Geschlechter kann man erkennen, dass sich die Mädchen und Frauen solche technischen Fähigkeiten nicht zutrauen oder interessieren.

Als letztes Medium möchte ich auf das **Fernsehen** eingehen. Hier sind Alter und soziales Milieu die entscheidenden Faktoren. Gesteuert werden die Präferenzen jedoch vom Geschlecht. Man unterscheidet zwischen den **inhaltlichen Vorlieben** und den **Figurenvorlieben**. Die inhaltlichen Vorlieben bei den Mädchen sind alltagsnahe, beziehungs- und gefühlsbetonte Sendungen. Dazu gehören vor allem Daily Soaps. Action- und spannungsreiche Sendungen, wie Animes, präferieren eher die Jungen und Männer. Bei dem geschlechterspezifischen Figurenvorlieben sind die männlichen und weiblichen Verhalten in sozialen Zusammenhängen besonders typisch. Im Grundschulalter werden die Fernsehfiguren des eigenen Geschlechts bevorzugt. Die männlichen Heranwachsenden interessieren sich wenig für das weibliche Geschlecht. Die Mädchen halten Ausschau nach weiblichen Figuren oder auf Tierfiguren mit weiblichen Zügen. Männliche Figuren kommen dann in Frage, wenn sie sozial agieren. Bei den älteren Mädchen kommt schließlich der männliche Traumpartner ins Spiel, bei dem sie ins Schwärmen geraten. Die propagierten Bilder und Vorstellungen setzen Mädchen und Jungen zu ihrem eigenen Leitbild. Im Grundschulalter legen Mädchen Wert auf Schönheit, soziale Fürsorglichkeit und Nachgiebigkeit. Im Zusammenhang mit Beziehungen haben sie eine genaue Vorstellung von märchenhafter Zweisamkeit und Harmonie.

Die Jungen schätzen das Männlichkeitsideal, des starken, aktiven Mannes, welcher in bedrohlichen und konfliktreichen Situationen erfolgreich agiert. Das Interesse für das andere Geschlecht besteht in dieser Altersstufe nicht. Dieses kommt erst im Jugendalter zur Geltung. Hier sind nun auch Rollenvorstellungen interessant, die geschlechterabhängig sind.

Der „souveräne Mensch" steht im Mittelpunkt. Das Fernsehen mit seinen Vorstellungen von Frau- und Mann sein ist ausschlaggebend für das Geschlechterkonzept von Heranwachsenden. Diese Vorgaben werden jedoch nicht direkt übernommen, sondern geprüft, verworfen oder passgerecht integriert. Jedoch sind die Heranwachsenden aus sozial benachteiligten Milieus benachteiligt, da die medialen Geschlechterbilder zur Wirklichkeit werden.

Folgende drei Aspekte sind bei der Bedeutung von Medien für Genderzuschreibungen besonders interessant:

1) Der *unterschiedliche Medienumgang* zeigt sich bei den weiblichen und männlichen Heranwachsenden.
2) Medien beeinflussen Äußerlichkeiten, Eigenschaften und Fähigkeiten, die Zuweisung von Rollenmerkmalen, die Vorstellung von Geschlechterbeziehungen und die Haltung zum Status der Geschlechter im gesellschaftlichen Leben. Somit haben *sie Anteil an der sozialen Konstruktion der Geschlechter.*
3) Ausschlaggebend ist die *Strukturkategorie Geschlecht.* Diese wird noch von dem *Alter,* von *der kulturellen und ethnischen Herkunft* und vom *sozialen Milieu* gelenkt.

Abschließend lassen sich folgende Konsequenzen daraus ziehen:

1) *Medienpolitische Ebene*: Es müssen jugendrelevante Angebote aufgezeigt werden, welche „sozial verträglich" sind. Mehr Gewicht muss auf der Untersuchung des geschlechtsspezifischen Umgangs mit allen Medien gelegt werden. Es müssen entsprechende Ressourcen angeboten werden und die kulturellen Eigenheiten müssen integriert werden.
2) *Bildungspolitische Ebene:* Weibliche als auch männliche Heranwachsende müssen gleiche Zugangschancen zum allen Medien haben. Der Maßstab ist die Möglichkeit zu souveräner Lebensführung. Außerdem müssen geschlechterbezogene Medienarbeiten einbezogen werden.
3) *Pädagogischer Handlungsbedarf:* Im Unterricht sollte man gegen schieflagige Geschlechterkonzepte in den Medien eintreten und die Heranwachsenden davon distanzieren. Man sollte den Heranwachsenden auf ihre Zugangsweisen und Vorlieben hinweisen und ihr Selbstbewusstsein stärken. Es müssen Räume geöffnet werden, damit die Heranwachsenden sich die kommunikativen Potenziale der Medien aneignen, um diese geschlechterbezogen aber auch geschlechterunabhängig nutzen können.

Der Mensch wird von den sozialen, kulturellen und persönlichen Lebensumständen beeinflusst, egal ob Mädchen oder Junge, ob Frau oder Mann. Man muss sich mit der Dualität der Geschlechter und mit der Vielfalt innerhalb der Geschlechter befassen.